आंसू और चित्राधार

LECTOR HOUSE PUBLIC DOMAIN WORKS

आंसू और चित्राधार

जयशंकर प्रसाद

ISBN: 978-93-90112-25-8

Published: -

LECTOR HOUSE LLP
E-MAIL: lectorpublishing@gmail.com

आंसू और चित्राधार

जयशंकर प्रसाद

अनुक्रम

आंसू

आंसू

इस करुणा कलित हृदय में
अब विकल रागिनी बजती
क्यों हाहाकार स्वरों में
वेदना असीम गरजती?

मानस सागर के तट पर
क्यों लोल लहर की घातें
कल कल ध्वनि से हैं कहती
कुछ विस्मृत बीती बातें?

आती हैं शून्य क्षितिज से
क्यों लौट प्रतिध्वनि मेरी
टकराती बिलखाती-सी
पगली-सी देती फेरी?

क्यों व्यथित व्योम गंगा-सी
छिटका कर दोनों छोरें
चेतना तरंगिनी मेरी
लेती हैं मृदल हिलोरें?

बस गयी एक बस्ती हैं
स्मृतियों की इसी हृदय में
नक्षत्र लोक फैला है
जैसे इस नील निलय में।

ये सब स्फुलिंग हैं मेरी
इस ज्वालामयी जलन के
कुछ शेष चिह्न हैं केवल
मेरे उस महा मिलन के।

शीतल ज्वाला जलती हैं
ईंधन होता दृग जल का
यह व्यर्थ साँस चल-चल कर
करती हैं काम अनिल का।

बाड़व ज्वाला सोती थी
इस प्रणय सिन्धु के तल में
प्यासी मछली-सी आँखें
थी विकल रूप के जल में।

बुलबुले सिन्धु के फूटे
नक्षत्र मालिका टूटी
नभ मुक्त कुन्तला धरणी
दिखलाई देती लूटी।

छिल-छिल कर छाले फोड़े
मल-मल कर मृदुल चरण से
धुल-धुल कर बह रह जाते
आँसू करुणा के कण से।

इस विकल वेदना को ले
किसने सुख को ललकारा
वह एक अबोध अकिंचन
बेसुध चैतन्य हमारा।

अभिलाषाओं की करवट
फिर सुप्त व्यथा का जगना
सुख का सपना हो जाना
भौंगी पलकों का लगना।

इस हृदय कमल का घिरना
अलि अलकों की उलझन में
आँसू मरन्द का गिरना
मिलना निश्वास पवन में।

मादक थी मोहमयी थी
मन बहलाने की क्रीड़ा
अब हृदय हिला देती है
वह मधुर प्रेम की पीड़ा।

सुख आहत शान्त उमंगें
बेगार साँस ढोने में
यह हृदय समाधि बना हैं
रोती करुणा कोने में।

चातक की चकित पुकारें
श्यामा ध्वनि सरल रसीली

मेरी करुणार्द्र कथा की
तुकड़ी आँसू से गीली।

अवकाश भला हैं किसको,
सुनने को करुण कथाएँ
बेसुध जो अपने सुख से
जिनकी हैं सुप्त व्यथाएँ

जीवन की जटिल समस्या
हैं बढ़ी जटा-सी कैसी
उड़ती हैं धूल हृदय में
किसकी विभूति हैं ऐसी?

जो घनीभूत पीड़ा थी
मस्तक में स्मृति-सी छायी
दुर्दिन में आँसू बनकर
वह आज बरसने आयी।

मेरे क्रन्दन में बजती
क्या वीणा, जो सुनते हो
धागों से इन आँसू के
निज करुणापट बुनते हो।

रो-रोकर सिसक-सिसक कर
कहता मैं करुण कहानी
तुम सुमन नोचते सुनते
करते जानी अनजानी।

मैं बल खाता जाता था
मोहित बेसुध बलिहारी
अन्तर के तार खिंचे थे
तीखी थी तान हमारी

झंझा झकोर गर्जन था
बिजली थी सी नीरदमाला,
पाकर इस शून्य हृदय को
सबने आ डेरा डाला।

घिर जाती प्रलय घटाएँ
कुटिया पर आकर मेरी
तम चूर्ण बरस जाता था
छा जाती अधिक अँधेरी।

बिजली माला पहने फिर
मुसक्याता था आँगन में
हाँ, कौन बरस जाता था
रस बूँद हमारे मन में?

तुम सत्य रहे चिर सुन्दर!
मेरे इस मिथ्या जग के
थे केवल जीवन संगी
कल्याण कलित इस मग के।

कितनी निर्जन रजनी में
तारों के दीप जलाये
स्वर्गंगा की धारा में
उज्जवल उपहार चढायें।

गौरव था , नीचे आये
प्रियतम मिलने को मेरे
मै इठला उठा अकिंचन
देखे ज्यों स्वप्न सवेरे।

मधु राका मुसक्याती थी
पहले देखा जब तुमको
परिचित से जाने कब के
तुम लगे उसी क्षण हमको।

परिचय राका जलनिधि का
जैसे होता हिमकर से
ऊपर से किरणें आती
मिलती हैं गले लहर से।

मै अपलक इन नयनों से
निरखा करता उस छवि को
प्रतिभा डाली भर लाता
कर देता दान सुकवि को।

निर्झर-सा झिर झिर करता
माधवी कुंज छाया में
चेतना बही जाती थी
हो मन्त्र मुग्ध माया में।

पतझड़ था, झाड़ खड़े थे
सूखी-सी फूलवारी में
किसलय नव कुसुम बिछा कर

आये तुम इस क्यारी में।

शशि मुख पर घूँघट डाले
अंचल में चपल चमक-सी
आँखों मे काली पुतली
पुतली में श्याम झलक-सी।

प्रतिमा में सजीवता-सी
बस गयी सुछवि आँखों में
थी एक लकीर हृदय में
जो अलग रही लाखों में।

माना कि रूप सीमा हैं
सुन्दर! तव चिर यौवन में
पर समा गये थे, मेरे
मन के निस्सीम गगन में।

लावण्य शैल राई-सा
जिस पर वारी बलिहारी
उस कमनीयता कला की
सुषमा थी प्यारी-प्यारी।

बाँधा था विधु को किसने
इन काली जंजीरों से
मणि वाले फणियों का मुख
क्यों भरा हुआ हीरों से?

काली आँखों में कितनी
यौवन के मद की लाली
मानिक मदिरा से भर दी
किसने नीलम की प्याली?

तिर रही अतृप्ति जलधि में
नीलम की नाव निराली
कालापानी वेला-सी
हैं अंजन रेखा काली।

अंकित कर क्षितिज पटी को
तूलिका बरौनी तेरी
कितने घायल हृदयों की
बन जाती चतुर चितेरी।

कोमल कपोल पाली में

सीधी सादी स्मित रेखा
जानेगा वही कुटिलता
जिसमें भौं में बल देखा।

विद्रुम सीपी सम्पुट में
मोती के दाने कैसे
हैं हंस न, शुक यह, फिर क्यों
चुगने की मुद्रा ऐसे?

विकसित सरसित वन-वैभव
मधु-ऊषा के अंचल में
उपहास करावे अपना
जो हँसी देख ले पल में!

मुख-कमल समीप सजे थे
दो किसलय से पुरइन के
जलबिन्द सदृश ठहरे कब
उन कानों में दुख किनके?

थी किस अनंग के धनु की
वह शिथिल शिंजिनी दुहरी
अलबेली बाहुलता या
तनु छवि सर की नव लहरी?

चंचला स्नान कर आवे
चंद्रिका पर्व में जैसी
उस पावन तन की शोभा
आलोक मधुर थी ऐसी!

छलना थी, तब भी मेरा
उसमें विश्वास घना था
उस माया की छाया में
कुछ सच्चा स्वयं बना था।

वह रूप रूप ही केवल
या रहा हृदय भी उसमें
जड़ता की सब माया थी
चैतन्य समझ कर मुझमें।

मेरे जीवन की उलझन
बिखरी थी उनकी अलकें
पी ली मधु मदिरा किसने
थी बन्द हमारी पलकें।

ज्यों-ज्यों उलझन बढ़ती थी
बस शान्ति विहँसती बैठी
उस बन्धन में सुख बँधता
करुणा रहती थी ऐंठी।

हिलते द्रुमदल कल किसलय
देती गलबाँही डाली
फूलों का चुम्बन, छिड़ती
मधुप की तान निराली।

मुरली मुखरित होती थी
मुकुलों के अधर बिहँसते
मकरन्द भार से दब कर
श्रवणों में स्वर जा बसते।

परिरम्भ कुम्भ की मदिरा
निश्वास मलय के झोंके
मुख चन्द्र चाँदनी जल से
मैं उठता था मुँह धोके।

थक जाती थी सुख रजनी
मुख चन्द्र हृदय में होता
श्रम सीकर सदृश नखत से
अम्बर पट भीगा होता।

सोयेगी कभी न वैसी
फिर मिलन कुंज में मेरे
चाँदनी शिथिल अलसायी
सुख के सपनों से तेरे।

लहरों में प्यास भरी है
है भँवर पात्र भी खाली
मानस का सब रस पी कर
लुढ़का दी तुमने प्याली।

किंजल्क जाल हैं बिखरे
उड़ता पराग हैं रूखा
हैं स्नेह सरोज हमारा
विकसा, मानस में सूखा।

छिप गयी कहाँ छू कर वे
मलयज की मृदु हिलोरें

क्यों घूम गयी हैं आ कर
करुणा कटाक्ष की कोरें।

विस्मृति हैं, मादकता हैं
मूर्च्छना भरी हैं मन में
कल्पना रही, सपना था
मुरली बजती निर्जन में।

हीरे-सा हृदय हमारा
कुचला शिरीष कोमल ने
हिमशीतल प्रणय अनल बन
अब लगा विरह से जलने।

अलियों से आँख बचा कर
जब कुंज संकुचित होते
धुँधली संध्या प्रत्याशा
हम एक-एक को रोते।

जल उठा स्नेह, दीपक-सा,
नवनीत हृदय था मेरा
अब शेष धूमरेखा से
चित्रित कर रहा अँधेरा।

नीरव मुरली, कलरव चुप
अलिकुल थे बन्द नलिन में
कालिन्दी वही प्रणय की
इस तममय हृदय पुलिन में।

कुसुमाकर रजनी के जो
पिछले पहरों में खिलता
उस मृदुल शिरीष सुमन-सा
मैं प्रात धूल में मिलता।

व्याकुल उस मधु सौरभ से
मलयानिल धीरे-धीरे
निश्वास छोड़ जाता हैं
अब विरह तरंगिनि तीरे।

चुम्बन अंकित प्राची का
पीला कपोल दिखलाता
मै कोरी आँख निरखता
पथ, प्रात समय सो जाता।

श्यामल अंचल धरणी का
भर मुक्ता आँसू कन से
छूँछा बादल बन आया
मैं प्रेम प्रभात गगन से।

विष प्याली जो पी ली थी
वह मदिरा बनी नयन में
सौन्दर्य पलक प्याले का
अब प्रेम बना जीवन में।

कामना सिन्धु लहराता
छवि पूरनिमा थी छाई
रतनाकर बनी चमकती
मेरे शशि की परछाई।

छायानट छवि-परदे में
सम्मोहन वेणु बजाता
सन्ध्या-कुहुकिनी-अंचल में
कौतुक अपना कर जाता।

मादकता से आये तुम
संझा से चले गये थे
हम व्याकुल पड़े बिलखते
थे, उतरे हुए नशे से।

अम्बर असीम अन्तर में
चंचल चपला से आकर
अब इन्द्रधनुष-सी आभा
तुम छोड़ गये हो जाकर।

मकरन्द मेघ माला-सी
वह स्मृति मदमाती आती
इस हृदय विपिन की कलिका
जिसके रस से मुसक्याती।

हैं हृदय शिशिरकण पूरित
मधु वर्षा से शशि! तेरी
मन मन्दिर पर बरसाता
कोई मुक्ता की ढेरी।

शीतल समीर आता हैं
कर पावन परस तुम्हारा
मैं सिहर उठा करता हूँ

बरसा कर आँसू धारा

मधु मालतियाँ सोती हैं
कोमल उपधान सहारे
मैं व्यर्थ प्रतीक्षा लेकर
गिनता अम्बर के तारे।

निष्ठर! यह क्या छिप जाना?
मेरा भी कोई होगा
प्रत्याशा विरह-निशा की
हम होंगे औ' दुख होगा।

जब शान्त मिलन सन्ध्या को
हम हेम जाल पहनाते
काली चादर के स्तर का
खुलना न देखने पाते।

अब छुटता नहीं छुड़ाये
रंग गया हृदय हैं ऐसा
आँसू से धुला निखरता
यह रंग अनोखा कैसा!

कामना कला की विकसी
कमनीय मूर्ति बन तेरी
खिंचती हैं हृदय पटल पर
अभिलाषा बनकर मेरी।

मणि दीप लिये निज कर में
पथ दिखलाने को आये
वह पावक पुंज हुआ अब
किरनों की लट बिखराये।

बढ़ गयी और भी ऊँठी
रूठी करुणा की वीणा
दीनता दर्प बन बैठी
साहस से कहती पीड़ा।

यह तीव्र हृदय की मदिरा
जी भर कर-छक कर मेरी
अब लाल आँख दिखलाकर
मुझको ही तुमने फेरी।

नाविक! इस सूने तट पर
किन लहरों में खे लाया
इस बीहड़ बेला में क्या
अब तक था कोई आया।

उस पार कहाँ फिर आऊँ
तम के मलीन अंचल में
जीवन का लोभ नहीं, वह
वेदना छद्ममय छल में।

प्रत्यावर्तन के पथ में
पद-चिह्न न शेष रहा है।
डूबा है हृदय मरूस्थल
आँसू नद उमड़ रहा है।

अवकाश शून्य फैला है
है शक्ति न और सहारा
अपदार्थ तिरूँगा मैं क्या
हो भी कुछ कूल किनारा।

तिरती थी तिमिर उदधि में
नाविक! यह मेरी तरणी
मुखचन्द्र किरण से खिंचकर
आती समीप हो धरणी।

सूखे सिकता सागर में
यह नैया मेरे मन की
आँसू का धार बहाकर
खे चला प्रेम बेगुन की।

यह पारावार तरल हो
फेनिल हो गरल उगलता
मथ डाला किस तृष्णा से
तल में बड़वानल जलता।

निश्वास मलय में मिलकर
छाया पथ छू आयेगा
अन्तिम किरणें बिखराकर
हिमकर भी छिप जायेगा।

चमकूँगा धूल कणों में
सौरभ हो उड़ जाऊँगा
पाऊँगा कहीं तुम्हें तो

ग्रहपथ मे टकराऊँगा।

इस यान्त्रिक जीवन में क्या
ऐसी थी कोई क्षमता
जगती थी ज्योति भरी-सी।
तेरी सजीवता ममता।

हैं चन्द्र हृदय में बैठा
उस शीतल किरण सहारे
सौन्दर्य सुधा बलिहारी
चुगता चकोर अंगारे।

बलने का सम्बल लेकर
दीपक पतंग से मिलता
जलने की दीन दशा में
वह फूल सदृश हो खिलता!

इस गगन यूथिका वन में
तारे जूही से खिलते
सित शतदल से शशि तुम क्यों
उनमे जाकर हो मिलते?

मत कहो कि यही सफलता
कलियों के लघु जीवन की
मकरंद भरी खिल जायें
तोड़ी जाये बेमन की।

यदि दो घड़ियों का जीवन
कोमल वृन्तों में बीते
कुछ हानि तुम्हारी है क्या
चुपचाप चू पड़े जीते!

सब सुमन मनोरथ अंजलि
बिखरा दी इन चरणों में
कुचलो न कीट-सा, इनके
कुछ हैं मकरन्द कणों में।

निर्मोह काल के काले-
पट पर कुछ अस्फुट रेखा
सब लिखी पड़ी रह जाती
सुख-दुख मय जीवन रेखा।

दुख-सुख में उठता गिरता

संसार तिरोहित होगा
मुड़कर न कभी देखेगा
किसका हित अनहित होगा।

मानस जीवन वेदी पर
परिणय हो विरह मिलन का
दुख-सुख दोनों नाचेंगे
हैं खेल आँख का मन का।

इतना सुख ले पल भर में
जीवन के अन्तस्तल से
तुम खिसक गये धीरे-से
रोते अब प्राण विकल से।

क्यों छलक रहा दुख मेरा
ऊषा की मृदु पलकों में
हाँ, उलझ रहा सुख मेरा
सन्ध्या की घन अलकों में।

लिपटे सोते थे मन में
सुख-दुख दोनों ही ऐसे
चन्द्रिका अँधेरी मिलती
मालती कुंज में जैसे।

अवकाश असीम सुखों से
आकाश तरंग बनाता
हँसता-सा छायापथ में
नक्षत्र समाज दिखाता।

नीचे विपुला धरणी हैं
दुख भार वहन-सी करती
अपने खारे आँसू से
करुणा सागर को भरती।

धरणी दुख माँग रही हैं
आकाश छीनता सुख को
अपने को देकर उनको
हूँ देख रहा उस मुख को।

इतना सुख जो न समाता
अन्तरिक्ष में, जल थल में
उनकी मुट्ठी में बन्दी
था आश्वासन के छल में।

दुख क्या था उनको, मेरा
जो सुख लेकर यों भागे
सोते में चुम्बन लेकर
जब रोम तनिक-सा जागे।

सुख मान लिया करता था
जिसका दुख था जीवन में
जीवन में मृत्यु बसी हैं
जैसे बिजली हो घन में।

उनका सुख नाच उठा है
यह दुख द्रुम दल हिलने से
ऋंगार चमकता उनका
मेरी करुणा मिलने से।

हो उदासीन दोनों से
दुख-सुख से मेल कराये
ममता की हानि उठाकर
दो रूठे हुए मनाये।

चढ़ जाय अनन्त गगन पर
वेदना जलद की माला
रवि तीव्र ताप न जलाये
हिमकर को हो न उजाला।

नचती है नियति नटी-सी
कन्दक-क्रीड़ा-सी करती
इस व्यथित विश्व आँगन में
अपना अतृप्त मन भरती।

सन्ध्या की मिलन प्रतीक्षा
कह चलती कुछ मनमानी
ऊषा की रक्त निराशा
कर देती अन्त कहानी।

"विभ्रम मदिरा से उठकर
आओ तम मय अन्तर में
पाओगे कुछ न,टटोलो
अपने बिन सूने घर में।

इस शिथिल आह से खिंचकर
तुम आओगे-आओगे

इस बढ़ी व्यथा को मेरी
रोओगे   अपनाओगे।"

वेदना विकल फिर आई
मेरी चौदहो भुवन में
सुख कहीं न दिया दिखाई
विश्राम कहाँ जीवन में!

उच्छ्वास और आँसू में
विश्राम थका सोता है
रोई आँखों में निद्रा
बनकर सपना होता है।

निशि, सो जावें जब उर में
ये हृदय व्यथा आभारी
उनका उन्माद सुनहला
सहला देना सुखकारी।

तुम स्पर्श हीन अनुभव-सी
नन्दन तमाल के तल से
जग छा दो श्याम-लता-सी
तन्द्रा पल्लव विह्वल से।

यह पारावार तरल हो
फेनिल हो गरल उगलता
मथ डाला किस तृष्णा से
तल में बड़वानल जलता।

निश्वास मलय में मिलकर
छाया पथ छू आयेगा
अन्तिम किरणें बिखराकर
हिमकर भी छिप जायेगा।

चमकूँगा धूल कणों में
सौरभ हो उड़ जाऊँगा
पाऊँगा कहीं तुम्हें तो
ग्रहपथ मे टकराऊँगा।

इस यान्त्रिक जीवन में क्या
ऐसी बथी कोई क्षमता
जगती थी ज्योति भरी-सी।
तेरी सजीवता ममता।

हैं चन्द्र हृदय में बैठा
उस शीतल किरण सहारे
सौन्दर्य सुधा बलिहारी
चुगता चकोर अंगारे।

बलने का सम्बल लेकर
दीपक पतंग से मिलता
जलने की दीन दशा में
वह फूल सदृश हो खिलता!

इस गगन यूथिका वन में
तारे जूही से खिलते
सित शतदल से शशि तुम क्यों
उनमे जाकर हो मिलते?

मत कहो कि यही सफलता
कलियों के लघु जीवन की
मकरंद भरी खिल जायें
तोड़ी जाये बेमन की।

यदि दो घड़ियों का जीवन
कोमल वृन्तों में बीते
कुछ हानि तुम्हारी है क्या
चुपचाप चू पड़े जीते!

सब सुमन मनोरथ अंजलि
बिखरा दी इन चरणों में
कुचलो न कीट-सा, इनके
कुछ हैं मकरन्द कणों में।

निर्मोह काल के काले-
पट पर कुछ अस्फुट रेखा
सब लिखी पड़ी रह जाती
सुख-दुख मय जीवन रेखा।

दुख-सुख में उठता गिरता
संसार तिरोहित होगा
मुड़कर न कभी देखेगा
किसका हित अनहित होगा।

मानस जीवन वेदी पर
परिणय हो विरह मिलन का
दुख-सुख दोनों नाचेंगे

हैं खेल आँख का मन का।

इतना सुख ले पल भर में
जीवन के अन्तस्तल से
तुम खिसक गये धीरे-से
रोते अब प्राण विकल से।

क्यों छलक रहा दुख मेरा
ऊषा की मृदु पलकों में
हाँ, उलझ रहा सुख मेरा
सन्ध्या की घन अलकों में।

लिपटे सोते थे मन में
सुख-दुख दोनों ही ऐसे
चन्द्रिका अँधेरी मिलती
मालती कुंज में जैसे।

अवकाश असीम सुखों से
आकाश तरंग बनाता
हँसता-सा छायापथ में
नक्षत्र समाज दिखाता।

नीचे विपुला धरणी हैं
दुख भार वहन-सी करती
अपने खारे आँसू से
करुणा सागर को भरती।

धरणी दुख माँग रही हैं
आकाश छीनता सुख को
अपने को देकर उनको
हूँ देख रहा उस मुख को।

इतना सुख जो न समाता
अन्तरिक्ष में, जल थल में
उनकी मुट्ठी में बन्दी
था आश्वासन के छल में।

दुख क्या था उनको, मेरा
जो सुख लेकर यों भागे
सोते में चुम्बन लेकर
जब रोम तनिक-सा जागे।

सुख मान लिया करता था

जिसका दुख था जीवन में
जीवन में मृत्यु बसी हैं
जैसे बिजली हो घन में।

उनका सुख नाच उठा है
यह दुख द्रुम दल हिलने से
शृंगार चमकता उनका
मेरी करुणा मिलने से।

हो उदासीन दोनों से
दुख-सुख से मेल कराये
ममता की हानि उठाकर
दो रूठे हुए मनाये।

चढ़ जाय अनन्त गगन पर
वेदना जलद की माला
रवि तीव्र ताप न जलाये
हिमकर को हो न उजाला।

नचती है नियति नटी-सी
कन्दुक-क्रीड़ा-सी करती
इस व्यथित विश्व आँगन में
अपना अतृप्त मन भरती।

सन्ध्या की मिलन प्रतीक्षा
कह चलती कुछ मनमानी
ऊषा की रक्त निराशा
कर देती अन्त कहानी।

"विभ्रम मदिरा से उठकर
आओ तम मय अन्तर में
पाओगे कुछ न,टटोलो
अपने बिन सूने घर में।

इस शिथिल आह से खिंचकर
तुम आओगे-आओगे
इस बढ़ी व्यथा को मेरी
रोओगे अपनाओगे।"

वेदना विकल फिर आई
मेरी चौदहो भुवन में
सुख कहीं न दिया दिखाई
विश्राम कहाँ जीवन में!

उच्छ्वास और आँसू में
विश्राम थका सोता है
रोई आँखों में निद्रा
बनकर सपना होता है।

निशि, सो जावें जब उर में
ये हृदय व्यथा आभारी
उनका उन्माद सुनहला
सहला देना सुखकारी।

तुम स्पर्श हीन अनुभव-सी
नन्दन तमाल के तल से
जग छा दो श्याम-लता-सी
तन्द्रा पल्लव विह्वल से।

सपनों की सोनजुही सब
बिखरें, ये बनकर तारा
सित सरसित से भर जावे
वह स्वर्ग गंगा की धारा

नीलिमा शयन पर बैठी
अपने नभ के आँगन में
विस्मृति की नील नलिन रस
बरसो अपांग के घन से।

चिर दग्ध दुखी यह वसुधा
आलोक माँगती तब भी
तम तुहिन बरस दो कन-कन
यह पगली सोये अब भी।

विस्मृति समाधि पर होगी
वर्षा कल्याण जलद की
सुख सोये थका हुआ-सा
चिन्ता छुट जाय विपद की।

चेतना लहर न उठेगी
जीवन समुद्र थिर होगा
सन्ध्या हो सर्ग प्रलय की
विच्छेद मिलन फिर होगा।

रजनी की रोई आँखें
आलोक बिन्द टपकाती

तम की काली छलनाएँ
उनको चुप-चुप पी जाती।

सुख अपमानित करता-सा
जब व्यंग हँसी हँसता है
चुपके से तब मत रो तू
यब कैसी परवशता है।

अपने आँसू की अंजलि
आँखो से भर क्यों पीता
नक्षत्र पतन के क्षण में
उज्जवल होकर है जीता।

वह हँसी और यह आँसू
घुलने दे-मिल जाने दे
बरसात नई होने दे
कलियों को खिल जाने दे।

चुन-चुन ले रे कन-कन से
जगती की सजग व्यथाएँ
रह जायेंगी कहने को
जन-रंजन-करी कथाएँ।

जब नील दिशा अंचल में
हिमकर थक सो जाते हैं
अस्ताचल की घाटी में
दिनकर भी खो जाते हैं।

नक्षत्र डूब जाते हैं
स्वर्गंगा की धारा में
बिजली बन्दी होती जब
कादम्बिनी की कारा में।

मणिदीप विश्व-मन्दिर की
पहने किरणों की माला
तुम अकेली तब भी
जलती हो मेरी ज्वाला।

उत्ताल जलधि वेला में
अपने सिर शैल उठाये
निस्तब्ध गगन के नीचे
छाती में जलन छिपाये

संकेत नियति का पाकर
तम से जीवन उलझाये
जब सोती गहन गुफा में
चंचल लट को छिटकाये।

वह ज्वालामुखी जगत की
वह विश्व वेदना बाला
तब भी तुम सतत अकेली
जलती हो मेरी ज्वाला!

इस व्यथित विश्व पतझड़ की
तुम जलती हो मृदु होली
हे अरुणे! सदा सुहागिनि
मानवता सिर की रोली।

जीवन सागर में पावन
बड़वानल की ज्वाला-सी
यह सारा कलुष जलाकर
तुम जलो अनल बाला-सी।

जगद्वन्द्वों के परिणय की
हे सुरभिमयी जयमाला
किरणों के केसर रज से
भव भर दो मेरी ज्वाला।

तेरे प्रकाश में चेतन-
संसार वेदना वाला,
मेरे समीप होता है
पाकर कुछ करुण उजाला।

उसमें धुँधली छायाएँ
परिचय अपना देती हैं
रोदन का मूल्य चुकाकर
सब कुछ अपना लेती हैं।

निर्मम जगती को तेरा
मंगलमय मिले उजाला
इस जलते हुए हृदय को
कल्याणी शीतल ज्वाला।

जिसके आगे पुलकित हो
जीवन है सिसकी भरता
हाँ मृत्यु नृत्य करती है

मुस्क्याती खड़ी अमरता।

वह मेरे प्रेम विहँसते
जागो मेरे मधुवन में
फिर मधुर भावनाओं का
कलरव हो इस जीवन में।

मेरी आहों में जागो
सुस्मित में सोनेवाले
अधरों से हँसते-हँसते
आँखों से रोनेवाले।

इस स्वप्नमयी संसृति के
सच्चे जीवन तुम जागो
मंगल किरणों से रंजित
मेरे सुन्दरतम जागो।

अभिलाषा के मानस में
सरसिज-सी आँखे खोलो
मधुपों से मधु गुंजारो
कलरव से फिर कुछ बोलो।

आशा का फैल रहा है
यह सूना नीला अंचल
फिर स्वर्ण-सृष्टि-सी नाचे
उसमें करुणा हो चंचल

मधु संसृति की पुलकावलि
जागो, अपने यौवन में
फिर से मरन्द हो
कोमल कुसुमों के वन में।

फिर विश्व माँगता होवे
ले नभ की खाली प्याली
तुमसे कुछ मधु की बूँदे
लौटा लेने को लाली।

फिर तम प्रकाश झगड़े में
नवज्योति विजयिनि होती
हँसता यह विश्व हमारा
बरसाता मंजुल मोती।

प्राची के अरुण मुकुर में

सुन्दर प्रतिबिम्ब तुम्हारा
उस अलस ऊषा में देखूँ
अपनी आँखों का तारा।

कुछ रेखाएँ हो ऐसी
जिनमें आकृति हो उलझी
तब एक झलक! वह कितनी
मधुमय रचना हो सुलझी।

जिसमें इतराई फिरती
नारी निसर्ग सुन्दरता
छलकी पड़ती हो जिसमें
शिशु की उर्मिल निर्मलता

आँखों का निधि वह मुख हो
अवगुंठन नील गगन-सा
यह शिथिल हृदय ही मेरा
खुल जावे स्वयं मगन-सा।

मेरी मानसपूजा का
पावन प्रतीक अविचल हो
झरता अनन्त यौवन मधु
अम्लान स्वर्ण शतदल हो।

कल्पना अखिल जीवन की
किरनों से दृग तारा की
अभिषेक करे प्रतिनिधि बन
आलोकमयी धारा की।

वेदना मधुर हो जावे
मेरी निर्दय तन्मयता
मिल जाये आज हृदय को
पाऊँ मैं भी सहृदयता।

मेरी अनामिका संगिनि!
सुन्दर कठोर कोमलते!
हम दोनों रहें सखा ही
जीवन-पथ चलते-चलते।

ताराओं की वे रातें
कितने दिन-कितनी घड़ियाँ
विस्मृति में बीत गईं वें
निर्मोह काल की कड़ियाँ

उद्वेलित तरल तरंगें
मन की न लौट जावेंगी
हाँ, उस अनन्त कोने को
वे सच नहला आवेंगी।

जल भर लाते हैं जिसको
छूकर नयनों के कोने
उस शीतलता के प्यासे
दीनता दया के दोने।

फेनिल उच्छ्वास हृदय के
उठते फिर मधुमाया में
सोते सुकुमार सदा जो
पलकों की सुख छाया में।

आँसू वर्षा से सिंचकर
दोनों ही कूल हरा हो
उस शरद प्रसन्न नदी में
जीवन द्रव अमल भरा हो।

जैसे जीवन का जलनिधि
बन अंधकार उर्मिल हो
आकाश दीप-सा तब वह
तेरा प्रकाश झिलमिल हो।

हैं पड़ी हुई मुँह ढककर
मन की जितनी पीड़ाएँ
वे हँसने लगीं सुमन-सी
करती कोमल क्रीड़ाएँ।

तेरा आलिंगन कोमल
मृदु अमरबेलि-सा फैले
धमनी के इस बन्धन में
जीवन ही हो न अकेले।

हे जन्म-जन्म के जीवन
साथी संसृति के दुख में
पावन प्रभात हो जावे
जागो आलस के सुख में।

जगती का कलुष अपावन
तेरी विदग्धता पावे

फिर निखर उठे निर्मलता
यह पाप पुण्य हो जावे।

सपनों की सुख छाया में
जब तन्द्रालस संसृति है
तुम कौन सजग हो आई
मेरे मन में विस्मृति है!

तुम! अरे, वही हाँ तुम हो
मेरी चिर जीवनसंगिनि
दुख वाले दग्ध हृदय की
वेदने! अश्रुमयि रंगिनि!

जब तुम्हें भूल जाता हूँ
कुड्मल किसलय के छल में
तब कूक हूक-सू बन तुम
आ जाती रंगस्थल में।

बतला दो अरे न हिचको
क्या देखा शून्य गगन में
कितना पथ हो चल आई
रजनी के मृदु निर्जन में!

सुख तृप्त हृदय कोने को
ढँकती तमश्यामल छाया
मधु स्वप्निल ताराओं की
जब चलती अभिनय माया।

देखा तुमने तब रुककर
मानस कुमुदों का रोना
शशि किरणों का हँस-हँसकर
मोती मकरन्द पिरोना।

देखा बौने जलनिधि का
शशि छूने को ललचाना
वह हाहाकार मचाना
फिर उठ-उठकर गिर जाना।

मुँह सिये, झेलती अपनी
अभिशाप ताप ज्वालाएँ
देखी अतीत के युग की
चिर मौन शैल मालाएँ।

जिनपर न वनस्पति कोई
श्यामल उगने पाती है
जो जनपद परस तिरस्कृत
अभिशप्त कही जाती है।

कलियों को उन्मुख देखा
सुनते वह कपट कहानी
फिर देखा उड़ जाते भी
मधुकर को कर मनमानी।

फिर उन निराश नयनों की
जिनके आँसू सूखे हैं
उस प्रलय दशा को देखा
जो चिर वंचित भूखे हैं।

सूखी सरिता की शय्या
वसुधा की करुण कहानी
कूलों में लीन न देखी
क्या तुमने मेरी रानी?

सूनी कुटिया कोने में
रजनी भर जलते जाना
लघु स्नेह भरे दीपक का
देखा है फिर बुझ जाना।

सबका निचोड़ लेकर तुम
सुख से सूखे जीवन में
बरसों प्रभात हिमकन-सा
आँसू इस विश्व-सदन में।

चित्राधार

अयोध्या का उद्धार

(महाराज रामचन्द्र के बाद कुश को कुशावती और लव को श्रावस्ती इत्यादि राज्य मिले तथा अयोध्या उजड़ गई। वाल्मीकि रामायण में किसी ऋषभ नामक राजा द्वारा उसके फिर से बसाए जाने का पता मिलता है; परन्तु महाकवि कालिदास ने अयोध्या का उद्धार कुश द्वारा होना लिखा है। उत्तर काण्ड के विषय में लोगों का अनुमान है कि वह बहुत पीछे बना। हो सकता है कि कालिदास के समय में ऋषभ द्वारा अयोध्या का उद्धार होना न प्रसिद्ध रहा हो। अस्तु, इसमें कालिदास का ही अनुसरण किया गया है।–लेखक)

"नव तमाल कल कुञ्ज सों घने
सरित-तीर अति रम्य हैं बने।
अरध रैनि महँ भीजि भावती
लसत चारु नगरी कुशावती"।।

युग याम व्यतीत यामिनी
बहुतारा किरणालि मालिनी।
निज शान्ति सुराजय थापिके
शशिकी आज बनी जु भामिनी।।

विमल विधुकला की कान्ति फैली भली है
सुललित बहुतारा हीर-हारावली है।
सरवर-जलहूं में चन्द्रमा मन्द डोलै
वर परिमल पूरो पौन कीन्हे कलोलै।।

मन मुदित मराली जै मनोहारिनी है
मदकल निज पीके संग जे चारिनी है।
तहँ कमल-विलासी हँस की पांति डोलै
द्विजकुल तरुशाखा में कबौं मन्द बोलै।

करि-करि मृदु केली वृक्ष की डालियों से
सुनि रहस कथा के गुंज को आलियों से।
लहि मुदित मरन्दै मन्द ही मन्द डोलै
यह विहरण-प्रेमी पौन कीन्हे कलोलै।।

विशद भवन माहीं रत्न दीपांकुराली
निज मधुर प्रकाशै चन्द्रमा में मिलाली।
बिधुकर-धवलाभा मन्दिरों की अनोखी
सरवर महँ छाया फैलि छाई सुचोखी।।

विविध चित्र बहु भांति के लगे
मणि जड़ाव चहुँ ओर जो जगे।
महल मांहि बिखरवाती विभा
मधुर गन्धमय दीप की शिखा।।

कुशराज-कुमार नींद में
सुख सोये शुचि सेज पै तहां।
बिखरे चहुँ ओर पुष्प के
सुखमा सौरभ पूर है जहां।।

मुखचन्द अमन्द सोहई
अति गंभीर सुभाव पूर है।
अधिरानहि-बीच खेलई
मुदु हाँसी सुखमा सुमूर है।।

तहँ निद्रित नैन राजहीं
नव लीला मय शील ओज हैं।
मनु इन्दहि मध्य साजहीं
युग संकोचित-से सरोज हैं।।

तहँ चारु ललाट सिंधु में
नहि चिन्ता लहरी बिराजही।
अति मन्दहि मन्द कान में
मनुवीणा ध्वनिसों सुबाजही।।

बढ़ि पञ्चम राम मैं जबै
सुविपञ्ची ध्वनि कान में पड़ी।
जगि के तहँ एक भामिनी
अध मूंदे दृग ते लख्यो खड़ी।।

पुतरी पुखराज की मनो
सुचि सांचे महँ ढारि के बनी।
उतरी कोउ देव-कामिनी
छवि मालिन्य विषादसों सनी।।

कर बीन लिए बजावती
रजनी में नहिं कोउ संग है।
बनिता वर-रूप-आगरी
सहजै ही सुकुमार अंग है।।

कल-कण्ठ-ध्वनि सु कोमला
मिलि वीणा-स्वर सों सुहात है।
कुश नीरव है लखै सुनै
जनु जादू सबहीं लखात है।।

"तुम वा कुल के कुमार हो

हरिचन्द्रादि जहां उदार से।
निज दुःख सह्यो तज्यो नहीं
सत राख्यो उर रत्न-हारसे।।"

"अनरण्य दिलीप आदि ने
जेहिको यत्न अनेक सौं रच्यो।
रघुवंश-जहाज सो लखो
यहि साम्राज्य महाब्धि में बच्यो।।"

"अनराजकता तरंग में
फँसि के धारनि बे अधार है।
तेहि को सबही यही कहै
"कुश" याको वर-कर्णाधार है।।"

तब वंश सुकीर्ति को सबै
अनुहास्यो उदधी वहै अजै।
निज कूलन सौं बढ़ै नहीं
अरु मर्य्यादहुँ को नहीं तजै।।

"जेहि कीर्ति-कलाप-गध सौं
मदमाती मलयानिलौ फिरै।
हिम शैल अधित्यकान लौं
सबको चित आनन्द सौं भरै।।"

"जेहि वंश-चरित्र को लिखे
कवि वाल्मीकि अजौ सुख्यात है।
तुमही ! निज तात सामुहे
शुचि गायो वह क्यों भुलात है।।"

"जेहि राम राज्य को सदा
रहिहै या जग मांहि नाम है।
तेहि के तुमहुँ सपूत है।
चित चेतो बिगरयो न काम है।।"

"तुम छाइ रहे कुशवती
अरु सोये रघुवंश की ध्वजा।
उठि जागहु सुप्रभात है
जेहि जागे सुख सोवती प्रजा।।"

नीरव नील निशीथिनी
नोखी नारि निहारि।
विपति-विदारी वीरवर
बोले बचन बिचारि।।

"देवि! नाम निज धाम,
काम कौन ? मोते कहौ।

अरु तुम येहि आराम–
मांहि आगमन किमि कियो?"

"तुम रूप-निधान कामिनी
यह जैसी विमला सुयामिनी।
रघुवंशहि जानिहो सही
परनारी पर दीठ दैं नहीं।।"

"तुम क्यों बनी अति दीन?
क्यों मुख लखात मलीन?
निज दुःख मोहिं बताउ
कछु करहुं तासु उपाउ।।"

"जब लों करवाल धारिहैं
रघुवंशी दृढ़ चित्त मान के।
कुटिला भृकुटि न देखिहैं
सुरभि, ब्राह्मण औ तियान के।।"

शोचहु न चित्त महैं शंक नाहीं
मोचहु बिषाद निज हीय चाहि।
ईश्वर सहाय लहि है सहाय
मेंटहुँ तुम्हार दुख, करि उपाय।।"

सुनि अति सुख मानी सुन्दरी मंजु बानी
गदगद सु गिराते यों कह्यो दीन-बानी।
"तुम सुमति सुधारी ईश पीरा निवारी
अब सुनहु बिचारी है, कथा जो हमारी।।"

"सुख-समृद्धि सब भांति सो मुदा
रहत पूर नर नारी ये मुदा।
अवध-राज नगरी सुसोहती
लखत जाहि अलकाहु मोहती।।"

"इक्ष्वाकु आदिक की विमल–
कीरति दिगन्त प्रकासिता।
सो भई नगरी नाग-कुल–
आधीन और विलासिता।।

नहि सक्यौ सहि जब दुःख
तब आई अहौं लै के पता।
सो मोहिं जानहुं हे नरेन्द्र!
अवध नगर की देवता।।"

"जहँ लख्यो विपुल मतंग–
तुंग सदा झरै मदनीर को।
तहँ किमि लखै बहु बकत

व्यर्थ शृगालिनी के भीर को।।

जहँ हयन हेषा बिकट–
ध्वनि, शत्रु-हृदय कँपावती।
तहँ गिद्धनी-गन है सुछन्द
विहारि कै सुख पावती।।"

जहँ करत कोकिल कलित–
कोमल-नाद अतिहि सुहावने।
सो सुनि सकत नहिंका, काकन
के कुबोल भयावने।।

जहँ कामिनी कल-किंकिनी
धुनि सुनत श्रुति सुख पावहीं।
तहँ बिकत झिल्लीरव सुनत
सुकहत नहीं कछु आवहीं।।

"कुमुद" नाम इक नाग वंश है
समुझि ताहि यह वीर अंश है।
बिगत राम जनहीन दीन है
निज अधीन करि ताहि लीन है।।

उजरी नगरी तऊ तहां।
मणि-माणिक्य अनेक हैं परे।
तेहि को अधिकार में किये
सुख भोगै सब भांति सो भरे।।

रघु, दिलीप, अज आदि नृप,
दशरथ राम उदार।
पाल्यो जाको सदय है,
तासु करहु उद्धार।।

निज पूर्वज-गन की विमल–
कीरति हूं बचि जाय।
कुमुद्वती सम सुन्दरी,
औरहु लाभ लखाय।।

सुनि, बोले वरवीर
"डरहु न नेकहु चित्त में
धरे रहौ उर धीर,
काल्हि उबारौं अवध को।।"

भोर होत ही राजसभा में
बैठे रघुकुल-राई।
प्रजा, अमात्य आदि सबही ने
दियो अनेक बधाई।।

श्रोत्रिय गननहिं बुलाई, सकल–
निज राज दान कै दीन्ह्यो।
और कटक सजि, अवध नगर
के हेतु पयानो कीन्ह्यो।।

जब अवध की सीमा लख्यो
तब खड़े है सह सैन के।
अरु कुमुद पहँ पठयो तबै
निज दूत, शुचि सुख दैन कै।।

"बिनु बूझि तुम अधिकृत कियौ
यह अवधि नगरि सुहावनी।
तेहि छोड़ि कै चलि जाहु,
नतु संगर करौ लै कै अनी।।"

वह तुरत आओ सैन लै,
रन-हेतु कुश कै सामुहे।
इतहूँ सुभट सब अस्त्र लै
तहँ रोष सों सबही जुहे।।

तहँ चले तीर, नराच, भल्ल,
सुमल्ल सबही भिरि गये।
तरवारि की बहु मारि बाढ़ी
दुहूं दल के अरि गये।।

बढयो क्रोध करि कुश कुमार
धनु को टंकारत।
प्रबल तेज शरजाल छाड़ि
चहुं दिशि हुंकारत।।

अम्बर-अवनिहि एक कीन्ह,
शर सों सब छायो।
अरगिन भरि-भरि नीर नैन
भागे मग पायो।।

कुश-प्रभाव लखि हीन होय के,
कुमुद आप हिय माहिं जोय के।
निज निवास महँ जायके छिप्यो
तबहि दूत कुश को तहाँ दिप्यो।।

परमा रमणी कुमुद्वती
धन-रत्नादि संग लै,
कुश को मिलि तोष दीजिये
नहिं तो सैन सज़ाव जंग लै।।

यहि मैं लखि निस्तार

कुमुद चल्यो कुश सों मिलन।
विविध रत्न उपहार
लै बहु धन निज संग में।।

आयो तहँ कर जोरि,
कुमुद कुमुद्वति संग लै।
बोल्यो बचन निहोरि,
व्याहहु याको राज लै।।

सुन्दरि के दृग-बान
लखे रोष सबही गयो।
छाड़यो शर संधान
अवध माँहि तबही गयो।।

कुल लक्ष्मी परताप
लख्यो सबै सुखमय नगर।
मिट्यो सकल सन्ताप
बैठे सिंहासन तबै।।

कुश-कुमुद्वती को परिणय
सबको मन भायो।
अवध नगर सुखसाज
महा सुखमा सो छायो।।

वन-मिलन

अरुण विभा विलसित-हिम-श्रृंग मुकुटवर छाजत।
मालिनि मन्द प्रवाह सुखद-सुदुकूल विराजत।।
तरुगन राजि कतहुँ मरकत-हारावलि लाजै।
सांचहु भूधरनृपति समान हिमालय राजै।।

तेहि कटि तट महँ कण्व–महर्षि तपोवन सोहैं।
सरल कटाक्षन ते हरिनी जहँ मुनि-मन मोहै।।
सरस रसाल, कदम्ब, तमालन की सुचि पांती।
धव, अशोक, अरु देव दारु, तरुगन बहुभांती।।

नव-मल्लिका, कुंद, मालती, बकुल अरु जाती।
चम्पक अरु मन्दार केतकी की बहु पांती।।
सुमन लिये साखा सह हिलत वायु के प्रेरित।
सौरभ सुभग बगारत जासों बन है सुरभित।।

वल्कल-वसन-विभूषित अंग सुमन की माला।
कर्णिकार को कर्नफूल विसवलय विसाला।।
कुंदकली-सों कलित केश-अवली भल राजत।
चम्पक-कलिका-हार सुरुचि गल-बीच विराजत।।

सुन्दर सहज सुभाव बदन पर मुनि-मन मोहैं।
सूधी बिमल चितौन मृगन से नैन लजोहैं।।
जेहि पवित्र मुख भाव लखे सबही सुर नारी।
निज बिलोल नव-हास विलासहिं करती वारी।।

बैठी मालिनि तीर सुभगवेतसी-कुंज में।
विलसत परिमल पूर समीरन केश-पुंज में।।
युगल मनोहर बनबाला अति सुन्दर सोहैं।
"प्रियम्बदा-अनुसूया!" जाके नाम मिठोहैं।।

"री अनुसूया! देखु सामुहे चम्पक-लतिका।
भरी सुरुचि सुकुमार अंग-अंगन मों कलिका।।
मन-ही-मन कुम्हिलात खिलत बेहाल विचारी।
'प्रियम्बदा' दृग भरि बोली उसास लै भारी।।

"कोमल-किसलय माहिं कली धारति अलबेली।

कुंदन-सों रंग जासु गढ़न मन हरन नवेली।।
अपर कुसुम-कलिका सों करत फिरे रंगरेली।
याहि न पूछत कोउ मधुकर सब ही अवहेली।।"

"यामें मधुर मरन्द, पराग, सुगन्ध सबै है।
सुन्दर रूप, सुरंग, जाहि-लखि और लजै है।।
पै रूखे परिमल पै सबही नाक चढ़ावत।
जैसे सूधो भाव न सब को हिय ललचावत।।

"मातो मधकर है मधु-अंध, विवेक न राखै।
मुरि मुसुक्यान मनोहर कलियन को अभिलाखै।।
सूधी चम्पक-लता नहीं जानत रस केली।
यहि विचार कोउ मधुकर नहिं अंकहि निज मेली।।"

"इनको कुटिल स्वभाव कोऊ इनको का दोखै।
स्वारथ रत परपीर नहीं जानत किमि तोखै।।
पाई समीपहिं जाही सो वाही सों पागैं।
ये तो परम विलासी, नहिं जानत अनुरागैं।।"

"बोली 'अनुसूया' यों–अनखि-तोहिं का सूझी।
जा बिनही बातन पर, बातन माहिं अरूझी।।
तुम बनबासी कोउ दूजो–नहिं सुनिबे वारो।
बन में नाच्यो मोर कहो किन आइ निहारो?"

"बहु लतिका तरु वीरूध, जे मम बाल सनेही।
तिनको सिञ्चन करहु, अहै तुव कारज एही।।
यह अशोक को पादप जामे किसलय कोमल।
औरहु परम रसाल लखहु करुना कदम्ब भल।।"

"अहै माधवी लता मृदुल-कलिका-नव धारति।
'शकुन्तला' के विरह-अश्रु की बूंद पसारति।।
निज मृनाल-सी बाहनि सों भरि गागरि आनी।
जाको सांझ-सबेरे सींचति दै-दै पानी।।"

"ये सब सींचन हेतु अबहिं-बातें तुम करतीं।
कुसुम चूनिबो और अहै, क्यों बरसत अरतीं।।
शकुन्तला को नाम सुने दूजी यों बोली–

क्यों हक नाहक दबी आग यों कहि पुनि खोली।।

पाइ राज-सुख सखियन को निज हाय! बिसारी।
बहुत दिवस बीते, निज-खबर न दीन्हीं प्यारी।।
अहो गौतमी हू कछु कहत न रजधानी की।
मम बन-बासिनि सखी जु शकुन्तला-रानी की।।"

"नगर नागरी महरानिन के सैन अनोखे।

वह सूधी बन-बाला पिय को कैसे तोखे।।
जाने दे, बिन काज कहा बैठी बतरावत।
पाइ पिया को प्रेम सखिहिं किन पूछन आवत!

अबहिं शुकहिं आहार देइबो हैं हम वारी।
बहुत अबेर भई सु कुटीरहिं चलिये प्यारी।।"
तब कश्यप को शिष्य तहां गालव चलि आयो।
"कण्व कहां है?" पूछ्यो तिनसों अति हरषायो।।

"अग्निहोत्र-शाला में"–कहि दोनों बन-बाला।
कुसुम-पात्र लीन्हों उठाइ मालति की माला।।
लजत मराली गमन लखे, वे दोनों आली।
वल्कल-वसन समेटि चली लै कुसुल उताली।।

कोकिल सों निज स्वर मिलाइ बहु बोलत बोली।
निज आश्रम पै पहुँचीं वे सब करत ठिठोली।।
कुसुम-पात्र धरि गुरु-समीप निज सिरहि झुकाई।
वन्दन कर बैठीं वे, मनकी मनहिं दुराई।।

बोल्यो गालव करि प्रणाम ऋषिवर को कर सों–
"लै संदेस हम आये हैं अपने गुरुवर सों।।
महाराज दुष्यन्त सहित निजसुत प्रियवर के।।
शकुन्तला-संग मिले, शाप छूट्यो मुनिवर के।।

"बहु ब्रत धारि अनेक कष्ट सहि पुनि सुख पायो।
सुखद पुत्र मुख चन्द्र देखि अति हिय हरषायो।।
दलित कुसुम अपमानित-हिय, बाला बेचारी।
श।कुन्तला निज पति-सुख पायो पुनि सुकुमारी।।

गद्गद कण्ठ, सिथिल-बानी पति ही सुखसानी।
बोले कण्व-महर्षि अनूपम, अविकल ज्ञानी।
"सबही दिन नहिं रहत दुःख संसार मँझारी।
कहुं दिन की है जोति कहूँ है चन्द्र उजारी।।"

प्रियम्बदा अनुसूया हूँ अति ही हिय हरषा।
आनन्दित है सुखद अश्रु निज आँखिन बरषी।।
पायो जब संवाद मनोहर निज अभिलाषित।
भयो प्रफुल्लित तबहिं वहै, तप-वन चिर-तापित।।

"हेमकूट ते उतरि मरीची के आश्रम सों।
आवत हैं दुष्यन्त-सहित निजी श्री अनुपम सों।"
मातलि आय कह्यो ज्यों ही, सब ही हिय हुलसे।
तहं आनन्दमय ध्वनि उठी तबहीं ऋषिकुल से।

शकुन्तला दुष्यन्त, बीच में भरत सुहावत।
धर्म, शांति, आनन्द, मनहुं साथिहिं चलि आवत।।

देखत ही अकुलाय उठीं, तुरतहिं बन-बाला।
प्रियम्बदा, अनुसूया, बिकसी ज्यों मृदु माला।।

भाट सखी-गन सों, तबही वह रोवन लागी।
हर्ष-विषाद असीम, आनन्दित है पुनि पागी।
शकुन्तला निज बाल-सखी गल सों कहुँ लागै।
बढ्यो अधिक आवेग माहिं, नहिं गल भुज त्यागै।।

करुण, प्रेम प्रवाह बढ्यो, वा शुद्ध तपोवन।
बरसन लग्यो मनोहर मंजुल मुंद आनंद-घन।।
श्रद्धा, भक्ति, सरलता, सब ही जुरी एक छन।
चित्र-लिखे -से चुप है देखत खड़े एक मन।।

कछुक बेर पर कण्व-चरण पर निज सिर नाई।
करि प्रणाम कर जोरि, खड़े भै बिधुकुल-राई।।
कुशल पूछ पुनि कण्व, दियो आशीष अनुपम।
भरतहुँ पुनि कीन्ह्यो प्रणाम, लहि मोद महातम।।

शकुन्तला सों पालित तब, वह मृग तहं आयो।
सिर हिलाई अरु चरण-चूमि आनन्द जनायो।।
माधवि लता मनोहर की निज करते मरस्यो।
वह तप-वन तब अधिक-मनोरम है सुचि दरस्यो।।

यज्ञ-भूमि को करि प्रणाम, आनन्द समैठे।
पूर्व मिलन के कुञ्ज मांहि, कछु छन सब बैठे।।
शकुन्तला, दुष्यन्त, भरत, मालिनी के तीरन।
बन-बासिनि वाला-युग के संग लागी बिहरन।।

प्रियम्बदा मुख चूमि भरत को लेत अंक में।
शकुन्तला अनुसूया संग बिहरत निशंक में।।
निजी बीते दिवसन की सुमधुर कथा सुनावत।
चुप है के दुष्यन्त सुनत, अति ही सुख पावत।

सरल-स्वभाव बन-बासिनि, वे सब बरबाला।
कथानुकूल सुधारत भाव–अनेक रसाला।।
पति सों बिछुरन-मिलन समय की कहि बहु बातें।
चिर दुखिया आनन्दित है सब मोद मनाते।।

प्रियम्बदा तब दुष्यन्तहिं दीन्हों उराहनो।
अहो परम धार्मिक, तेरी है बहु सराहनो।।
शकुन्तला को शाप हेतु विस्मृत तुम कीन्हों।
याही वन हम रहीं, खोज हमरी हू लीन्हों?

"अहो होत है अधिक निठुर –नर सब, नारी सों।
जों लौं मुख सामुहे अहैं तौ लौ प्यारी सों।
नहिं तो कौन कहां, को, कैसो, कासों नाते।

बहु दिन पै जो मिलै-तबौ पूछी नहिं बाते।।"

अनुसूया हंसि बोली–ये तो अति सूधे हैं।
इनको यहै स्वभाव कहा यामे तू पैहैं।।
शकुन्तला मुसक्याई कह्यो–"जाने दे सखियो।।
इनके सब बातन को अपने हिय में रखियो।।

अब यह मेरी एक विनय धरि ध्यान सुनै तू।
इनके विमल, चरित्रन को नहिं नेक गुनै तू।।
जामें फिर निहं बिछुरैं, सब यह ही मति ठानो।
सदन हमारे संग चलो अति ही सुख माने।।"

यज्ञ-प्रज्ज्वलित बन्हि, लखे सब ही प्रणाम किय।
कण्व-महर्षि आनन्दित को अभिवन्दन हूं किय।।
शकुन्तला कर जोरि पिता सों हिय सकुचाती।
कह्यो–"विनय करिबो-कुछ है पै नहिं कहि आती।।"

बोले कण्व –"कहो, जो कछु तुमको कहनो है।"
शकुन्तला ने कह्यो–"सखी-संग मोहिं रहनो है।।
इन सखियन के बिना अहो हम अति दुख पायो।"
कण्व "अस्तु" कहि सबको अति आनन्द बढ़ायो।।

कञ्चन कंकन किंकिनि को कलनाद सुनावत।
नन्दन-कानन-कुसुमदाम सौरभ सौ छावत।।
निज अमन्द सुचिचन्द–बदन सोभा दिखरावत।
जगमगात जाहिरहि जवाहिर को चमकावत।।

निज अनूप अति ओपदार आभा दिखरावत।
चञ्चल चीनांशुक अञ्चल को चलत उड़ावत।।
केश कदम्बन कलित कुसुम-कलिका बिखरावत।
मञ्ज मेनका को देख्यो सब उतरत आवत।।

यथा उचित अभिवंदन सब ही कियो परस्पर।
शकुन्तला माता सों लपटी अतिहि प्रेम भर।।
भरत-चन्द्रमुख चूमि भइ वह हिय सों हरषित।
प्रियम्बदा-अनुसूया सिरा कीन्हों कर परसित।।

कण्व दियो आसीन जाहु सब सुख सों रहियो।
जीवन के सब लाभ प्रेम परिपूरित लहियो।।
चिर बिछुरे सब मिले हिये आनन्द बढ़ावन।
मालिनी-तरल-तरंग लगी मंगल को गावन।।

प्रेम-राज्य (पूर्वार्द्ध)

बाल विभाकर सोहत, अरुण किरण अवली सों।
कृष्णा क्रीड़त निजनव, तरलित जल लहरीसों।।
मलयजघीर पवन-बन–उपवन महँ सञ्चरहीं।
कोकिल कुल कलनाद करत अति मधुर विहरहीं।।

टालीकोट सुयुद्धभूमि में प्रवलदुहूं दल।
सूर्यकेतु महाराज, विजयनगरेश महाबल।।
प्रतिपक्षी बहु यवन राज, मिलि सैन सजायो।
बीरकर्म अरु कादरता, को दृश्य दिखायो।।

सिंहद्वार पर खड़े नरेश लखैं सेना को।
बांधवराजे यूथप सँगघेरैं बहुनाको।।
सेनापति सह सैन्य, युद्धभूमिहि चल दीन्हो।
पांच वर्ष को बालक इक आगमन सुकीन्हो।।

चन्द्रोज्ज्वल मुख मधुर, विमल हाँसी को धारत।
सहज सलोने अंग, मनोहर ताहि सँवारत।।
तब नरेश निज सुतके मुख सुख में अति पागे।
हिये लाइ आनन्द सहित, मुख चूमन लागे।।

कह्यो "प्रिया को विरह, तुमहिलखि सबहि बिसारी।
किन्तु वत्स यह वीरकर्म्म, कुलप्रथा हमारी।।
सो अब तुमहि त्राण की आशा हिय महुँ धारौ।
काहि समर्पहूं तुमहिं चित्त नहिं कुछ निरधारौ।।"

आयो तहं इक भील–युथपति दुहुँ करजोरे।
चरनन पै सिरनाइ, कह्यो अति वचन निहोरे–
"महाराज ! यह राजकुंवर हमको दै देहू।
राखैंगे प्रानन प्यारे को सहित सनेहू।।

अनुज एक सह भील, सैन्य आज्ञा पालन को।
आपहिं की सेवा में है सेना चालन को।।
हिम गिरि कटि महँ, इनको लै हमहूँ चलि जैहैं।
शत्रु न कोउ इनको, खोजनते कहुँ पैहैं।।

जब हम सुनिहैं विजय आपकी तो पुनि ऐहैं।

कीन्हैं नेक बिलम्ब न यामें कछु फल है हैं।।
"अस्तु" कह्यो पुनि शिरहि सूंघि आलिंगन कीन्हों।।
बालक को मुख चूमि, तुरत भीलहि दै दीन्हों।।

"दादा" कहि अकुलाइ उठ्यो तबहिं वह बालक।
नैनन में भरि नीर कह्यो नरगन के पालक।।
"दादा" ये ही हैं तुम्हरे, इन्हीं को कहियो।
मेरे जीवन प्रान, सदा ही सुखसे रहियो।"

यों कहि के मुख फेरि, अश्व पै निज चढ़ि लीन्हों।
खींचि म्यान ते खड्ग युद्ध सन्मुख चलि दीन्हों।।
आवतही नरनाह, देखि सब छत्री सेना।
अति उमगित भइ अंग आनन्द अटैना।।

वीर वृद्ध महाराज, बदन पर हाँसी रेखा।
सब को हिय उत्साहित कीन्हों सब ही देखा।
जयतु जयतु महाराज, कह्यो तब सबही फौजैं।
जलधि बीर रस में, ज्यों उमड़ि उठी बहु मौजैं।।

फरकि उठे भुजदण्ड, वीर रससों उमगाहे।
चमकि उठीं तरवार, वर्म अरु चर्म सनाहें।।
सैना करि द्वै भाग, एक सैनप को सौंप्यो।
अरु एकहि लै आप, अकेले रनको रोप्यो।।

तब हर हर कहि कीन्हो धावा शत्रुन ऊपर।
गरुड़ करत जिमि धावा, पन्नग प्रबल चमू पर।।
भिड़े वीर दुहुँ ओर चली, कारी तलवारैं।
एक वीर सिर हेतु, अप्सरा तन मन वारैं।।

दाबि लियो क्षत्रीन, यवन के सब सेना को।
भागन को नहिं राह, घेरि लीन्हों सब नाको।।
विकल कियो तरवार मारसों व्यथित भये सब।
भागे यवन अनेक, लखै जहँही अवसर जब।।

है रणमत्त परे तबही सब पीछे छत्री।।
तुरतहिं मारै ताहि, जबहि देखैं कोउ अत्री।।
करि कादरता कछुक, यवन जे रन सों भागे।
तेऊ मिलि तब लीन्हो, घेरि बीर-पथ त्यागे।।

उन क्षत्रिन संग महाराज, तिनमहं घिरि गयऊ।
सेनापति तहं तिनहि, छुड़ावन को नहिं अयऊ।।
अहो! लोभ बस करत, काज कैसे नर नारी।।
करत आत्म-मर्यादा, धर्म्म सबहि को वारी।।

राखत कछुक विचार नहीं यह पुन्य पाप सों।
निज तृष्णा को सींचत, नर नित आस"भाप" सों।।

नित्य करत जो पालन, तासों करत महाछल।
बहु विधि करत उपाय, बढ़ावन को अपनो बल।।

चाहत जासों जौन, करावत है यह तासों।
याको काउ जीतत नहिं हारे सब यासों।।
करिके बीर कर्म अरु लरिके निज अरगिन सों।
राखि स्वधर्म महान, टर्यो नहिं अपने पन सों।।

मारि म्लेच्छतम करि, अनूप बहु बीर काम को।
सूर्यकेतू तब गये, सुखद निज अस्तधाम को।।
विश्वम्भर के शांत अंक महं आश्रय लीन्हों।
आशुतोष तब आशु-शान्ति अभिनव तेहि दीन्हों।।

"भारतभूमि धन्य तुम, अनुपम खान।
भये जहां बहु रतन, अतुल महान।।
भये नृपति जहं इक्ष्वाकु बलवान।
जहां प्रियव्रत जनमे, विदित जहान।।

भये नृपति सिरमौर जाह दुष्यंत।
जन्म लियो जहं भरत सुकीर्ति अनन्त।।
जम्बूद्वीपहिं बांट्यो करि नवखण्ड।
निज नामते बसायो, भारतखण्ड।।

जिनके रथ सहसारथि, नभलौं जाहिं।
जिनके भुजबल-सागर को नहिं थाहि।।
जिनके शरण लहे, निर्विघ्न सुरेश।
अमरावती विराजहिं, चारु हमेश।।

जिनके प्रत्यज्ञा की, सुनि टनकार।
अरिशिर मुकुटमणिन को सहै न भार।।
भये भीष्म रणभीष्म, हरण अरिदर्प।
जामदग्निते रच्यो समर करि दर्प।।

जिनकी देव प्रतिज्ञा की सुख्याति।
गाइगाइ नहिं वाणी अजहुं अघाति।।
विजय भये जिन भये पराजय नाहिं।
जिनके भुजबल ते, प्रसन्न है चाहि।।

दियो पाशुपत व्योमकेश त्रिपुरारि।
कियो दिग्विजय डारयो शत्रुन मारि।।
जिनके क्रोध अनल महँ, स्तुवा नराच।
आहुति अक्षौहिणी, भई सुनु सांच।।

वसुन्धरे तव रक्त–पिपासा धन्य।
मरी जहां चतुरंगिनि सैन अगन्य।।"

करि कुकर्म्म यह जब वह, क्षत्री-कुल-कलंक-अति।
सेनापति यवन के, सैनप पहं निशंक मति।।
गयो लेन निज पुरस्कार, तब सब उठि धाये।
मातृ-भूमि-द्रोही कहि, अति उपहास बनाये॥

तब अति क्षुब्ध चित्त, गृहको वह लौटन लाग्यो।
देख्यो गृह के द्वार, एक बाला मन पाग्यो॥
गृह में देख्यो नाहिं कोउ अति कुण्ठित भो हिय।
ललिता को लीन्ह्यो उठाइ, अरु मुख चुम्बन किय॥

रोइ कहन लागी बाला, तब अति दुख सानी।
"छाड़ि मोंहि जननी हू, गई कहाँ नहिं जानी॥"
पुनि लखि बाला कर मह, पत्र एक अति आकुल।
लीन्हों ताहि पढ़न को, तब वह सैनप व्याकुल॥

पढ्यो ताहि "नहिं अहौ-अहौ तुम पती हमारे।
तुम्हरे सन्मुख महाराज, किमि स्वर्ग सिधारे॥
तुम आशा भय बाला को, लीन्हे हिय पोखौ।
तुमहि क्षमा हित स्वर्ग-मोंहि महराजहिं तोखौ॥"

वह निराश निज हृदय, लिये तबही कुलघालक।
कीन्हों उत्तर गमन, तबै सेना को पालक॥
कृष्ण की नव तरल बीचि, अति कृष्णा लागै।
अरु वह मलयजपवन नाहिं बहि हिय अनुरागै॥

....
....

Lector House believes that a society develops through a two-fold approach of continuous learning and adaptation, which is derived from the study of classic literary works spread across the historic timeline of literature records. Therefore, we aim at reviving, repairing and redeveloping all those inaccessible or damaged but historically as well as culturally important literature across subjects so that the future generations may have an opportunity to study and learn from past works to embark upon a journey of creating a better future.

This book is a result of an effort made by Lector House towards making a contribution to the preservation and repair of original ancient works which might hold historical significance to the approach of continuous learning across subjects.

HAPPY READING & LEARNING!

LECTOR HOUSE LLP
E-MAIL: lectorpublishing@gmail.com